ÉTUDE D'ACTUALITÉS

LA FRANCE

ET SON

GOUVERNEMENT

Par Jean Franc

IMPRIMERIE LAMAIGNÈRE

BAYONNE, RUE JACQUES LAFFITTE, 9; BIARRITZ, RUE DU CHATEAU, I

1893

LA FRANCE

ET SON

GOUVERNEMENT

—

LA FRANCE

ET SON

GOUVERNEMENT

Par Jean Franc

—

IMPRIMERIE LAMAIGNÈRE

BAYONNE, RUE JACQUES LAFFITTE, 9; BIARRITZ, RUE DU CHATEAU, I

—

1893

AVANT-PROPOS

L'Europe présente de nos jours l'aspect d'un navire en branle-bas de combat. Chacun, armé jusqu'aux dents, est prêt à se ruer en masse à l'abordage, suivant le formidable exemple de la mobilisation prussienne en 1870.

Dans cette hâte d'imitation l'on semble cependant trop oublier que les premières causes des succès de cette organisation doivent être surtout attribuées aux trop incontestables qualités du Gouvernement qui l'a mise en œuvre à cette époque.

Cette supériorité consistait alors dans la rencontre et l'intime réunion de trois talents divers se complétant l'un par l'autre : un chef d'Etat de rare et ferme bon sens, se conformant sans vaniteuse prétention personnelle aux avis et conseils d'un diplomate et d'un stratégiste doués l'un et l'autre d'une haute valeur chacun dans leur genre, sorte de *triplice* bien autrement redoutable que l'actuelle et formant en quelque sorte comme le couronnement du gigantesque édifice de la mobilisation.

N'est-ce point aussi, semble-t-il, par la recherche et la formation d'un semblable faisceau de capacités que l'on peut élever de même le Gouvernement de notre pays à la hauteur de sa nouvelle organisation militaire, laquelle repose tout entière sur un rigoureux et méthodique appel au concours de tous, suivant le genre et le degré d'aptitude de chacun : les uns y apportant leurs qualités naturelles, les autres leur talent et leur expérience du métier.

De là cette étude qui ne semble pas inopportune alors que le milliard du Panama a pu montrer à tous jusqu'à quel point la cupidité des uns et l'effronterie des autres peuvent encore abuser de la crédulité publique.

Jean FRANC.

ÉTUDE D'ACTUALITÉS

LA FRANCE & SON GOUVERNEMENT

I

Tout Gouvernement, véritablement digne de ce nom, repose sur une certaine idée, une certaine conception de l'autorité, qui représente son droit, sa légitimité et l'élève par là même au-dessus d'un simple effet du hasard ou de la violence. En cette idée maitresse se résume toute sa force morale dans la bonne comme la mauvaise fortune. Cette conception n'est cependant point immuable et absolue : elle se modifie, comme toute l'histoire le montre, suivant les temps et les lieux, l'état des esprits et les mœurs.

C'est ainsi que, dans notre pays, par suite d'une très lointaine tradition qui liait l'homme au terroir, l'ancien régime faisait découler l'autorité de la propriété. Le nouveau cherche à l'établir sur les suffrages du plus grand nombre. Où doit-on la reconnaitre ? Dans l'aptitude nécessaire, la compétence.

Tel est le dernier mot de cette étude et, si nous nous hâtons de le formuler tout d'abord, c'est qu'en pareil sujet la plupart des lecteurs ont leur siége fait d'avance, n'appréciant guère que la confirmation d'idées préconçues, développées et rehaussées par tout le prestige d'un style que cet écrit ne saurait atteindre. C'est pourquoi nous nous sommes efforcés de le rendre aussi bref et succinct que possible.

« Tout est dans l'œuf », dit avec une rare justesse un proverbe japonais. C'est donc au passé d'expliquer le présent.

Si la plus grande partie de ce siècle s'est écoulée chez nous au milieu des troubles et des discordes engendrés par la première Révolution, elle-même n'a été tout d'abord qu'une inévitable réaction contre l'impuissance où était tombé l'absolutisme monarchique du siècle précédent. L'immense et subite popularité du despotisme impérial ne l'a que trop prouvé par la suite.

La royauté pouvant tout, ne remédiait à rien. Les désastres et les ruines de la fin du règne de Louis XIV, l'incurie de Louis XV, l'inertie de Louis XVI, la prestigieuse apparition, avec Voltaire, Rousseau et les encyclopédistes, de tout un nouveau monde d'idées spéculatives, avidement accueillies par la haute et légère société du xviiie siècle, profondément oisive et pourtant seule en vue ; toutes ces causes diverses ont fini par ébranler l'esprit public en France, jusqu'à le diviser violemment en deux partis hostiles représentant deux principes aussi absolus l'un que l'autre et diamétralement opposés l'un à l'autre, bien que partant tous deux d'un égal mépris des faits et des réalités.

D'un côté, l'ancien droit héréditaire et monarchique ; de l'autre, sa contre-partie, un nouveau droit populaire et démocratique consacrant la souveraineté du peuple représenté par ses mandataires ou signifiant ses volontés par des plébiscites sans appel. Sorte de droit divin simplement retourné de bas en haut par l'adage : *Vox populi, vox Dei.*

La lutte de ces deux principes d'autorité est l'histoire même de notre malheureux pays depuis plus d'un siècle. Lutte incessante et meurtrière, passant tour à tour des Etats généraux à la Convention, du régime de la terreur intérieure au terrorisme extérieur de Napoléon Ier, de la monarchie parlementaire à l'Empire plébiscitaire, à travers les coups de force et de violence dirigés tantôt d'en bas, tantôt d'en haut, pour en arriver aux stupéfiants désastres d'une troisième invasion et aux sauvages inepties de la Commune.

Cependant, deux grands faits semblent devoir, de nos jours, profondément modifier cette situation et s'imposer à l'esprit public des nouvelles générations.

Le premier, se rattachant à un passé déjà bien lointain, c'est l'affaissement visible, le délaissement de plus en plus irrémédiable de la foi monarchique en notre pays, à ce point que la chute des derniers trônes n'a même plus été une question de jours mais d'heures. Napoléon Ier disait déjà, en 1815 : « Les Français m'ont laissé revenir comme ils ont laissé repartir les Bourbons ».

Le second fait tout récent, né d'hier et des épouvantables désastres de l'invasion et de la conquête allemande, exige par sa nouveauté même un examen plus attentif, pour saisir toute l'étendue et la portée d'action que lui réserve l'avenir : c'est le service militaire rendu obligatoire pour tous.

L'histoire nous montre l'intime corrélation qui finit toujours par s'établir entre les institutions militaires d'un pays et son état politique. Dès lors, il est impossible de ne pas admettre qu'une telle succession de générations tout entières élevées à l'école du soldat, n'en reçoive une empreinte particulière fort différente de celle des générations antérieures.

La conjoncture est par elle-même assez intéressante pour s'efforcer de prévoir le tour d'esprit particulier pouvant résulter de cette universelle éducation militaire. Quelles peuvent en être les conséquences ? Et d'abord, que peut-elle produire ?

Sans trop en exagérer l'action, l'on est cependant conduit à admettre que, dès l'entrée au service et les premiers débuts dans cette sorte de noviciat, une certaine rupture s'accomplit avec la vie antérieure et particulière de chacun, un refoulement de la personnalité s'impose en même temps qu'une notion plus vive, plus précise de devoir public, de discipline et d'obéissance commune.

Mais, par contre, s'élève aussi une plus nette, ferme et sévère idée de l'autorité elle-même, de sa nécessité d'être, de ses obligations, des garanties qu'elle doit présenter, de son aptitude en un mot, si l'on cherche à résumer ainsi l'ensemble des qualités naturelles ou acquises, intellectuelles ou morales, qui doivent la composer.

L'idée de l'autorité ne découle plus dès lors de principes conventionnels ou abstraits, mais bien d'une évidente, saisissante nécessité de métier à pourvoir d'un côté et d'une aptitude correspondante à la satisfaire de l'autre. C'est la nécessité de l'office qui fait l'officier et son unique raison d'être. A telle œuvre, tel ouvrier.

L'entière et complète subordination de la personne au service qu'elle doit remplir, dans tous les genres, à tous les degrés, telle est l'essence même de la discipline militaire. Tel est son premier et ineffaçable enseignement.

Autorité devient par suite l'équivalent d'aptitude, soit réelle, soit présumée. Or, cette idée de l'autorité ainsi comprise, la ferme et simple logique de l'esprit militaire l'étendra indubitablement jusqu'au Gouvernement lui-même et aux institutions qui le composent. Nécessité de l'institution d'une part, aptitude à y pourvoir de l'autre, telles seront pour ce nouvel esprit les deux conditions absolues et formelles devant servir de base à tout l'édifice gouvernemental. C'est à ce double point de vue que nous allons en examiner les diverses parties constitutives.

II

Quant à la forme générale du Gouvernement, elle paraît hors de conteste : c'est le Gouvernement représentatif, admettant la participation plus ou moins étendue du pays dans le vote des impôts et l'établissement des lois. Toutes les Constitutions que la France a essayé depuis un siècle ont unanimement consacré cette forme, expression même de notre civilisation occidentale.

Pour qui observe, en effet, le mouvement actuel de cette civilisation, l'esprit qui lui est propre, les idées et les tendances qui l'animent, il est aisé de voir que cet ensemble se résume et se caractérise tout à fois et par un énorme accroissement, une immense expansion de l'activité sociale en tout sens, et par un échange de plus en plus étendu et rapide des intérêts et des besoins jusqu'ici épars et isolés dans les diverses parties du monde entier.

Mouvement qui se manifeste dans cette extrême diffusion des idées comme des opinions, sans cesse facilitée, alimentée, sollicitée par l'usage chaque jour plus étendu de la presse et de la publicité.

Mouvement qui s'accélère encore par ces rapides et tout-puissants moyens de communication créés par la science et l'industrie modernes, qui semblent devoir ramener la scène du monde à l'unité du temps, de lieu et d'action.

Mouvement enfin irrésistible, puisqu'il représente les efforts accumulés et constants de l'esprit occidental, toujours en quête d'étendre plutôt que d'amoindrir volontairement ses moyens d'action et d'investigation.

De là résulte, par la quantité et la variété des idées comme des choses ainsi entraînées dans cette universelle circulation, une incessante action et réaction de tous sur chacun et de chacun sur tous. La vie sociale, de simple, coutumière et restreinte qu'elle était, devient singulièrement complexe. Une sorte de commune et d'immense solidarité s'étend sur tous, qui se traduit dans le régime économique par la toute-puissante influence du crédit et dans le régime politique par l'intervention, la participation de plus en plus nécessaire et générale des diverses classes de la société ou de la population entière d'un pays dans ses affaires publiques.

Participation qui résulte ainsi moins d'un droit

abstrait et banal que d'une naturelle nécessité. Si la Révolution l'a violemment proclamé chez nous avec plus de bruit et de confusion sous le nom de droits démocratiques, cette intervention ne s'est pas moins imposée et s'impose chaque jour dans les Etats occidentaux, en développant de plus en plus son mode d'action : le régime représentatif. Son usage chez nous remonte aux premières manifestations de la vie nationale, à ces anciennes convocations des Etats généraux, premières assises d'une forme de Gouvernement dont le régime parlementaire semble de nos jours réaliser la plus complète expression.

Cette transformation, cette condensation en quelque sorte d'un Gouvernement simplement représentatif en Gouvernement parlementaire, ne s'est peut-être jamais produite avec plus d'évidence que sous le règne de Napoléon III. La restauration du pouvoir impérial reposait à son début sur ce principe : « Le chef de « l'Etat règne et gouverne; seulement, il est responsable « de ses actes devant le peuple français ». Paroles vagues et indéterminées, dangereuses même, car elles sembleraient pouvoir justifier jusqu'à un certain point la révolution du 4 Septembre.

Toujours est-il qu'à la longue, sous le poids de complications de plus en plus lourdes et un enchaînement de circonstances dont le développement serait l'histoire du second Empire, ces paroles ont fini par revêtir une forme nette et précise par l'institution de ministres responsables devant les Chambres, premier principe du régime parlementaire.

Dans ce mode de Gouvernement, le pays intervient

dans les affaires publiques à l'aide de députés appelés à former l'une des deux Chambres d'un Parlement.

III

Telle est la première institution que nous rencontrons et, sa nécessité d'être étant admise, il nous reste à examiner cette Chambre des députés au point de vue de l'autre condition fondamentale, l'aptitude qu'elle présente, et par suite le genre et la nature des services qu'elle peut rendre.

Par son origine et son but, cette Chambre doit être avant tout l'expression, la représentation la plus vraie comme la plus étendue des opinions et des besoins, des idées et des intérêts qui animent et se partagent la population tout entière du pays. Ce doit être la mise en action du célèbre précepte : « Connais-toi toi-même ».

Ce n'est point, en effet, par la recherche et le développement de vérités générales et abstraites que l'on peut prétendre assurer à un pays les véritables conditions de son existence, mais par une connaissance réelle et complète de ses ressources et de ses besoins, de ses idées et de ses mœurs, de ses préjugés mêmes, de tout cet ensemble ondoyant et divers de particularités qui constituent les différences intimes et souvent profondes des multitudes qui peuplent la terre.

Si la vérité est une, comme le soleil qui nous éclaire, combien ne varie-t-elle pas d'apparence et d'aspect suivant chaque vision individuelle. C'est ce que les astronomes nomment l'aberration personnelle, laquelle existe pour tous et se perpétuera tout autant que l'humanité elle-même. « Vérité en decà des Pyrénées, erreur au delà » et l'on pourrait ajouter : « Vérité en un siècle, erreur en un autre », tant sont vraies les paroles de l'Evangile : « Mon royaume n'est pas de ce monde ».

Il faut abandonner par suite une sorte d'idéale et systématique entente des choses dont les séduisantes perspectives entraînent si facilement l'esprit, pour pénétrer dans le domaine âpre et ardu des réalités. Il faut saisir le bâton de cet infatigable et consciencieux voyageur qui, pour se rendre compte des conditions de la vie d'un pays, entre aussi bien dans les plus humbles logis que dans les plus somptueuses demeures, parcourt les campagnes aussi bien que les villes, interrogeant les riches et les pauvres, les patrons et les ouvriers, les savants et les manœuvres, sachant que les uns ne peuvent vivre sans les autres et inscrivant enfin l'infinie variété de ces dépositions sur d'innombrables tablettes.

Or, ces tablettes ne sont autres que les bulletins du suffrage universel. Car tel est le vrai sens de cette institution, et de ce qu'elle n'a pas été comprise de ceux-là mêmes qui l'ont proclamée en 1848, incapables de prévoir le despotisme plébiscitaire et césarien dont ils forgeaient l'immédiat instrument, il ne suit pas de là que sa valeur soit contestable.

Bien au contraire, malgré ses imperfections actuelles, c'est encore l'instrument le plus simple et le plus efficace pour obtenir d'un seul coup une image générale du pays réduite à des proportions telles que l'on puisse l'étudier et s'en rendre compte à l'aide de ses représentants réunis dans une seule et même enceinte.

Plus cette image sera vraie, plus la connaissance du pays par lui-même sera réelle et certaine. Or, cette connaissance est une des conditions absolues du Gouvernement moderne. Gouverner, de nos jours, ne peut être, en effet, imposer à la conscience humaine tel ou tel principe admis par les uns, repoussé par les autres, c'est faire surgir de tous ces éléments confus et divers les conditions nécessaires à la vie collective. Là est la difficulté comme la grandeur de ce rôle de suprême juge de paix.

Mais si le suffrage universel peut présenter une importante partie des connaissances indispensables au Gouvernement, il est, comme nous le verrons bientôt, loin de pouvoir toutes les fournir, et cette prétention à une sorte d'infaillibilité autocratique est la seul et véritable cause de ses erreurs et de ses fautes. Ces réserves étant faites, la question ne devient plus pour le suffrage universel de résoudre à lui seul le problème gouvernemental, mais de fournir des éléments indispensables et certains pour cette solution.

Dès lors, son rôle se précise, et l'on obtient par son aide une Assemblée recueillant et réfléchissant comme dans un miroir cette multitude d'intérêts, de besoins, de sentiments et d'opinions qui couvrent et occupent la surface entière du pays dans sa libre et naturelle diversité.

Par suite, cette Assemblée devra être l'expression, chose digne de remarque, plutôt de tous les intérêts et sentiments divers qui se partagent le pays, que de l'intérêt commun ou public de ce même pays.

Il est évident, en effet, que chacun de ces députés

remplira d'autant plus fidèlement son mandat qu'il fera mieux valoir les intérêts comme les opinions du groupe particulier qu'il représente. En sorte que la réunion de ces diverses individualités, loin de concourir à un commun accord, doit tendre bien plutôt à la divergence des opinions, à la fluctuation des idées jusqu'à l'anarchie ou tout au moins l'impuissance.

N'est-ce pas là, d'ailleurs, ce qui ressort des divers essais tentés chez nous de ce que l'on a nommé le parlementarisme, sorte d'oligarchie hétérogène et disparate de députés dont les prétentions exclusives sur la conduite des affaires publiques méconnaissent cette première condition d'un législateur et d'un juge d'être non pas seulement en dehors mais au-dessus des intérêts en lutte. N'est-il pas trop évident, par exemple, que tous les intérêts agricoles, industriels et commerciaux, qui représentent en somme les éléments de richesse du pays, doivent tendre uniformément et en masse à la diminution de la main-d'œuvre et à son moindre emploi, c'est-à-dire, sous une autre forme, à l'appauvrissement, à la diminution des ressources d'existence des masses ouvrières. C'est ainsi qu'en Angleterre la richesse et le paupérisme grandissent du même pas. De là, ces revendications socialistes au milieu desquelles l'entente commune, le bien public et jusqu'à l'idée de patrie, menacent de sombrer. C'est qu'en effet, le corps social est en cela semblable au corps humain dont la simple représentation et mise en présence de toutes les parties ne suffisent pas à constituer l'existence ni l'individualité. La célèbre allégorie des membres et de l'estomac reste profondément vraie, et cette observation est extrêmement importante dans un pays aussi désagrégé que le nôtre, pour fixer les idées sur la nature et le genre de services que peut rendre une Chambre composée d'éléments si opposés.

N'est-il pas à craindre, en effet, que malgré les lumières et le patriotisme de ses membres, une pareille Assemblée ne soit sans cesse troublée par cet esprit individualiste, ardent, actif, entreprenant, mais singulièrement exclusif, partial et sectaire, comme tout ce qui représente des intérêts en lutte, des opinions surexcitées ou faussées par le cercle trop étroit où elles se meuvent, et trop souvent par les revendications désespérées d'une poignante misère. Car ce sont là bien certainement les dures et pesantes réalités du plus grand nombre, que la fidèle représentation du pays doit exposer dans toute leur âpre vérité.

D'où il résulte qu'une telle Chambre peut être animée de sentiments très vifs, très ardents, des intérêts si divers et multiples de la population dont chaque député représente en quelque sorte un élément, mais qu'elle est trop souvent et fatalement exposée par sa nature même, au milieu de la divergence des intérêts et des opinions qui tendent sans cesse à la désunir, à ne point posséder une connaissance aussi certaine, aussi ferme des grands intérêts publics, des intérêts de l'Etat, ce palladium de tous.

Nos épouvantables désastres de 1870 en présentent un bien saisissant exemple. Qui ne se souvient de ces paroles si tristement prophétiques que le maréchal Niel adressait bien longtemps avant au Corps législatif : « Si « vous vous refusez à tout accroissement de nos forces

« militaires, vous transformerez la France à la pro-
« chaine guerre en un vaste cimetière ». Les députés
d'alors n'en ont pas tenu compte, et la volonté impériale
a dû capituler sur cette question dont le salut du pays
était l'enjeu. Un tel aveuglement n'a plus lieu sans
doute depuis nos désastres, mais les nouvelles ressources militaires sont-elles bien à la hauteur des sacrifices
imposés ? Qui se trouve véritablement en état d'en juger
dans le Parlement actuel ?

Peut-on d'ailleurs trop accuser ces députés de leur
peu de connaissances réelles et techniques des ressources militaires effectives, non pas seulement de leur
pays, mais encore de tous les autres Etats étrangers et
rivaux, tant sur terre que sur mer ? Le temps et les
moyens leur faisant également défaut, ils ne peuvent
guère s'en rendre compte qu'à la volée, pour ainsi dire,
ou sur la simple affirmation d'un ministre à la tribune,
ainsi que cela s'est produit lors de la fatale déclaration
de guerre franco-allemande. En raison même de
l'immunité parlementaire, une si terrible leçon ne
devrait pas s'oublier, alors que le développement sans
cesse croissant et l'extrême complexité des affaires
publiques, tant au dehors qu'au dedans, entraîne de nos
jours pour chacune d'elles une connaissance pratique,
positive, spéciale, à laquelle l'immense majorité du
public, comme de ses représentants, ne peut certainement prétendre.

Cependant, du vote de ces députés dépend encore
souverainement de nos jours la fortune et le salut de la
France, qu'ils tiennent ainsi suspendus entre leurs
mains. De là, un écart manifeste entre l'effroyable

étendue d'un tel pouvoir et les garanties qu'il peut présenter. L'origine d'un si exorbitant privilége mérite bien quelques instants d'examen.

Lorsqu'en 1789 l'ancienne monarchie aux abois, à bout de ressources et de moyens, adressait un suprême appel au pays par la convocation des Etats Généraux, elle ne faisait après tout que revenir à d'anciennes traditions nationales volontairement mises à l'écart par l'arbitraire royal. Ce retour à une sorte de participation du pays dans ses affaires publiques s'imposait dès lors, non pas seulement par les difficultés du moment, mais encore et surtout par l'aveu d'impuissance du Gouvernement et le fatal écart qui se manifestait de plus en plus entre l'énormité du pouvoir royal et l'insuffisance du malheureux dépositaire de cet écrasant fardeau. La tâche et l'ouvrier, l'autorité et l'aptitude se trouvaient en terrible et flagrant désaccord. Sous la violence d'événements que nul ne maîtrisait, cet écart s'est rapidement creusé en un gouffre où tout a disparu, monarque et monarchie.

Or, le pouvoir royal, l'idée de souveraineté, avait revêtu en France, plus péut-être qu'en tout autre pays, sous la double et séculaire influence du clergé et des légistes, la forme inviolable et sacrée de la propriété, et ce qui distingue la Révolution française de toutes les autres, c'est précisément d'être devenue par ce fait autant sociale que politique, portant une atteinte directe à ce sentiment de la propriété la plus tenace et la plus vivace au cœur de l'homme.

Depuis des siècles, chez nous, l'idée d'autorité, de souveraineté avait fini par perdre son essentiel et premier caractère, qui est avant tout celui d'une nécessité à pourvoir, d'un office à remplir, d'une fonction à exercer, pour ne laisser apparaître que sa forme purement extérieure et se river étroitement à l'idée absolue de propriété inaliénable. Point de Grande Charte, comme en Angleterre, par exemple, délimitant l'autorité du souverain et la ramenant ainsi à l'idée relative d'une charge, d'une fonction à exercer, laquelle, loin de représenter l'Etat tout entier, n'en constitue au contraire que l'un des rouages. A ce point que les Anglais semblent se conformer vis-à-vis de la royauté à l'avis de Voltaire au sujet du Souverain Pontife : « Lui lier les mains et lui baiser les pieds ».

Rien de pareil ne s'est produit dans notre pays où l'autorité royale, ayant fait table rase, ne relevait que d'elle-même et de la Providence dont elle se présentait comme la vivante image sur la terre. Telle est la simple, grandiose, mais imaginaire conception du pouvoir de nos anciens rois.

Cette particulière et profonde empreinte en France de l'idée d'autorité-propriété a produit ce résultat qu'à la chute de la royauté, l'Assemblée des députés, restée seule debout, s'est immédiatement substituée à l'autorité souveraine, sans avoir à se préoccuper autrement si elle avait bien l'aptitude nécessaire à ce suprême métier de roi. Il lui suffisait de faire valoir la déshérence et de transporter la vieille idée d'autorité-propriété de la personnalité royale à toute la nation personnifiée par ses représentants.

Telle est l'origine effective de ce droit démocratique, de ce droit du plus grand nombre, tout aussi conventionnel que l'ancien droit monarchique, dont il provient directement par simple forme de substitution de personnes. C'est l'hérédité monarchique remplacée par l'élection démocratique d'une Assemblée représentant le plus grand nombre des votants. Cette Chambre se trouve ainsi revêtue à ce titre, sans nulle préoccupation du but à atteindre, d'un droit absolu de souveraineté, tout aussi incompatible que l'ancien droit royal avec l'idée relative d'un métier, d'une fonction à remplir vis-à-vis de l'Etat, la seule cependant qui réponde à la réalité des choses.

L'indépendance, la souveraineté d'un Etat n'est point, en effet, une entité abstraite ayant toujours existé et devant exister toujours, mais le seul et entier résultat d'un acte de la volonté, subordonnée elle-même à la force de l'accomplir. Quelle effroyable débauche d'arguties et de sophismes révolutionnaires n'a-t-il pas fallu pour en arriver à méconnaître une telle vérité historique ! Aussi, la stupeur a-t-elle été grande lorsqu'on a entendu proclamer : la force prime le droit ; ce que Richelieu avait plus grandement exprimé en faisant graver sur les canons : *Regum ultima ratio.*

L'implacable logique de la guerre a eu raison, cette fois, à nos dépens, de subtilités abstraites et démontré que l'existence comme l'intégrité d'un pays dépend surtout et avant tout du plus haut degré de prévoyance, de valeur et d'habileté atteint par son Gouvernement. Ensemble de qualités rares et exceptionnelles, que rien par cela même ne démontre être l'apanage de ce plus grand nombre d'électeurs ou de députés dont l'omnipotence repose ainsi sur une vaniteuse fiction.

Si maintenant l'on admet dans le pays l'extension de l'esprit militaire net, précis, allant droit au but et n'admettant l'autorité que sous la forme d'un service public à rendre et non d'un privilége à exercer, cette légendaire conception de l'autorité-propriété s'évanouit et disparait. Le Gouvernement cesse d'être le résultat d'une simple addition des votes de co-propriétaires à part égale. La question d'aptitude, de compétence intervient, s'impose, modifie les rôles, et l'on est nécessairement conduit à rechercher le complément indispensable de la Chambre des députés et à ne point lui confier à elle seule l'omnipotence du pouvoir législatif.

Résultat qui concorde d'ailleurs avec les exemples de tous les Etats régis par le Gouvernement parlementaire, car aucun d'eux n'a cru possible d'investir une seule Assemblée de ce souverain pouvoir. En sorte qu'à côté de celle du genre que nous venons d'examiner s'en élève toujours une autre, en général plus restreinte et dont la composition repose sur des conditions spéciales et particulières, conformément aux coutumes et traditions de chacun de ces pays.

IV

Plusieurs fois chez nous on a tenté de faire de cette Chambre haute une sorte de frein, de contrepoids conservateur, sans trop réussir à composer ni surtout consolider les éléments de cette résistance passive. La preuve en est dans l'effacement de son rôle à toutes les chutes successives de nos Gouvernements. Actuellement, cette Assemblée se nomme le Sénat. Il est issu du suffrage universel, comme la Chambre des députés, mais à un second degré d'élection. La base ou l'origine première étant la même et la différence ne portant que sur le mode des suffrages, l'on peut très justement se demander, dans le cas où l'une des deux méthodes donne de meilleurs résultats que l'autre, pourquoi l'on maintient la plus défectueuse.

Si la principale cause d'insuffisance de la Chambre des députés à remplir par elle seule l'exercice législatif provient de son origine même et de sa base, toute autre Assemblée ayant la même provenance ne peut par cela même y suppléer davantage. C'est ce que le vulgaire bon sens exprime en disant que l'on ne peut tirer deux moutures d'un même sac.

Il faut donc reprendre la question de plus haut et, par un renversement de la base, partir non plus d'en bas, de la collection des intérêts particuliers représentés par la Chambre des députés, mais bien d'en haut, des intérêts collectifs représentés par l'Etat.

Qu'est-ce en définitive que l'Etat dans son acception la plus générale, la plus usuelle ? Pas autre chose, en dernière analyse, que le patrimoine commun représentant l'ensemble des ressources et des garanties nécessaires à la vie collective d'un pays. Ressources et garanties de tous genres et de toutes natures : judiciaires, militaires, financières, etc., qui transforment une multitude confuse, vivant à l'aventure, sans frein ni lien, en une véritable individualité pensante et agissante. L'Etat en est comme l'abri, le bouclier commun ou plutôt, par une comparaison vraie jusqu'à la banalité, c'est le navire portant dans ses flancs la fortune et le salut de tous. Le public tout entier en est l'armateur, pendant que le Gouvernement représente l'équipage qui doit le manœuvrer au profit comme aux frais de ce même armateur. Or, cet immense navire, dans son incessante navigation, a nécessairement besoin, non pas seulement d'un bon entretien, mais encore de réparations, de transformations souvent profondes, imposées par le temps et les circonstances. Que peut et doit faire notre armateur en face de ces inévitables nécessités, si ce n'est de recourir aux hommes de l'art ou du métier, aux spécialistes, pouvant seuls déterminer en toute connaissance de cause le genre, la nature et l'étendue de ces indispensables améliorations? Ainsi donc le bon état du navire, le bien public, résulte de deux modes d'intervention tout aussi nécessaires l'une que l'autre : d'une part, l'armateur ou le public, ayant la charge et les frais des travaux à exécuter ; de l'autre, les spécialistes pouvant seuls en déterminer les meilleures conditions d'établissement et de fonctionnement. Interventions d'égale valeur, intimement liées l'une à l'autre, car il est aussi impossible de concevoir l'accomplissement d'une œuvre sans moyens d'exécution d'une part que sans plan arrêté de l'autre.

De là deux sortes de points de vue, non pas contraires mais différents qui, pour se concilier, doivent pouvoir se débattre entre eux à l'aide de mandataires des deux parties représentant d'un côté l'armateur ou le public ; de l'autre, les spécialités compétentes.

De ces débats résulte le devis définitif, le contrat, le budget, la loi ou, en d'autres termes, l'exercice du pouvoir législatif. Ainsi donc, ce pouvoir législatif, pour jouir en quelque sorte de la plénitude de ses facultés, doit se composer de deux facteurs bien distincts, destinés à s'éclairer, à se pénétrer mutuellement : les députés du pays d'un côté, les spécialités de l'autre, dont l'entente commune doit réaliser l'œuvre la plus efficace sous le moindre sacrifice possible.

Rien de pareil dans le régime parlementaire actuel, où les ministres dirigent et représentent tout à la fois l'Etat sous la complète dépendance d'une majorité éventuelle de députés disposant de leurs portefeuilles. En sorte que ces ministres, dans leur situation précaire, n'ont pas seulement en main le poids des affaires courantes, mais ont encore entièrement à pourvoir à cette immense préparation de lois et dispositions de ressources qui peuvent seules permettre à l'Etat de faire face à toutes les difficultés du présent comme de l'avenir.

Or, cette préparation, cet aménagement de l'avenir, ces plans mûrement réfléchis et opiniâtrement poursuivis exigent non pas seulement une évidente continuité d'efforts, mais encore tout un ensemble de connaissances spéciales, pratiques, techniques, vis-à-vis desquelles l'immense majorité du public comme de ses députés se trouve visiblement insuffisante et dont on ne peut d'un autre côté impunément charger des ministres de passage, subordonnés à ces mêmes députés, lesquels dépendent eux-mêmes de leur popularité électorale.

C'est cependant ce qui se passe de nos jours, où les ministres se succèdent suivant les fluctuations de la Chambre, ayant à faire face à tout, au présent comme à l'avenir, sans autre guide ni conseil qu'une bureaucratie le plus souvent inerte et jalousement cantonnée dans ses attributions. Des hommes de réelle valeur peuvent-ils être d'ailleurs bien disposés à la compromettre sur de pareils tréteaux ?

Peut-on s'attendre à voir les nouvelles générations militaires et par suite familiarisées avec les conditions nécessaires à toute virile organisation, admettre bien longtemps un tel état de choses qui, par la confusion et l'étrangeté des rôles, ressemble en bien des points à cette autre institution révolutionnaire de la garde nationale, cause de si amers mécomptes ?

La question d'aptitude, de compétence, intervient encore, et l'on est tout naturellement conduit à confier la défense des grands intérêts publics à une Assemblée spéciale et permanente, représentation vivante de l'Etat, et remplissant vis-à-vis de lui un rôle analogue à celui de la Chambre des députés à l'égard du pays et des intérêts divers de sa population.

Cette Assemblée, nous la nommerons, si l'on veut : *Conseil de l'Etat*, non par assimilation au Conseil d'Etat actuel, mais par analogie de rôle avec ces anciens conseillers de la couronne, ayant toujours existé de fait auprès de la personne de nos rois, si absolus qu'ils aient été. Si de nos jours le public tout entier se considère comme le vrai souverain, quelle que soit l'étendue de son autocratie, il ne peut cependant reprendre à son usage la désastreuse formule : « L'Etat, c'est moi », et l'efficace intervention de tels conseillers ne semble pas moins s'imposer par la seule force des choses.

Dans notre organisation moderne, tous les services et intérêts publics sont répartis en un certain nombre de catégories ou ministères ayant chacun un rôle, une destination, une spécialité distincte. Nous les prendrons tels quels, sans nous attarder au plus ou moins bien fondé de leurs attributions actuelles, où la bureaucratie semble s'être donné libre carrière.

Toujours est-il qu'en assemblant les ministres placés à la tête de chacun d'eux, l'on obtient d'un seul coup comme la vivante représentation de l'Etat tout entier. Or, si l'on suppose une réunion, un groupement de capacités ou de spécialités analogues à chacun de ces ministres en particulier, suivant le genre de compétence qu'il représente, la réunion générale de tous ces groupes formera, en dehors du Conseil des ministres, une représentation bien autrement étendue, indépendante et permanente des intérêts de l'Etat, des intérêts collectifs, et c'est précisément cette Assemblée que nous désignons sous le nom de *Conseil de l'Etat*. C'est la concentration de la plus grande somme possible de savoir et d'expérience des grands intérêts publics, envisagés en eux-mêmes et pour eux-mêmes.

C'est à l'aide d'une réunion de ce genre que le Premier Consul a pu tirer, des ruines de la Révolution, les éléments d'institutions durables dont nous vivons encore. Si la prestigieuse personnalité de Napoléon Ier a pu rejeter cet aide en arrière-plan, il n'en est pas moins vrai que son Conseil d'Etat a été le véritable exécuteur testamentaire de ce qu'il y avait de réalisable dans les visées abstraites ou sentimentales des précédentes Assemblées révolutionnaires.

Un tel Conseil se présente ainsi avec tous les caractères de nécessité et d'aptitude désirables, comme le digne et indispensable complément qui s'impose par sa seule compétence pour concourir, avec la Chambre des députés, au plein exercice du pouvoir législatif.

Cette étude n'ayant certes pas la prétention de reviser la Constitution qui nous régit, mais simplement d'exposer une nouvelle conception du régime parlementaire chez nous, ce serait singulièrement en dépasser le cadre que d'entrer dans les détails constitutifs de cette Chambre haute (1). A en juger, du reste, par la facilité avec laquelle on improvise actuellement des ministres, sa première formation ne semble pas offrir de bien grandes difficultés.

Quant à son renouvellement successif et régulier, résultant de l'expiration du mandat temporaire de chacun de ses membres en particulier (2), il est bien évident que si ce Conseil représente la réunion des plus éminentes capacités dans chaque genre de service public, lui seul peut par cela même être le meilleur juge, sous certaines conditions, des mérites qui doivent en ouvrir l'accès. C'est, en définitive, pour peu que l'on y réfléchisse, ce même principe du choix ou d'une sélection exercée de haut en bas, du supérieur à l'infé-

---

(1) C'est ainsi qu'il y aurait lieu tout d'abord de fixer définitivement le nombre des ministères, non sur les avantages des portefeuilles à distribuer, mais sur un examen méthodique de leurs attributions nécessaires. Par là, l'on pourrait déterminer tout à la fois et le nombre des sections devant composer la Chambre haute et celui des membres de chacune des sections proportionnellement à l'étendue relative de leurs attributions.

(2) A moins de tomber dans une sorte d'aristocratie viagère, subordonnant la durée des fonctions à la longévité de la vie, l'on ne peut concevoir, en effet, ces mandats que sous une forme temporaire, renouvelable s'il y a lieu.

rieur, qui préside de fait au maintien du plus grand intérêt de l'Etat, à la garantie suprême de son indépendance, à l'organisation de l'armée et au renouvellement successif de ses cadres. Si la nécessité d'un tel mode de sélection s'est depuis si longtemps imposée vis-à-vis d'un des plus évidents intérêts de l'Etat, comment ne pas admettre cette même nécessité à l'égard de tous les autres ?

Le renouvellement de ce Conseil par lui-même est la plus sûre garantie de son indépendance en même temps qu'il lui fait atteindre la plus grande force morale d'un corps politique : la tradition, cet héritage, non du sang mais des idées, que le temps peut seul constituer avec l'aide des générations humaines se succédant sans cesse les unes aux autres sur la scène du monde.

Chacune de ces générations ne surgit pas en effet, comme Minerve, tout armée du cerveau de Jupiter, mais se développe au contraire fort lentement et péniblement par les soins de la génération précédente, qui s'efforce de lui transmettre les meilleures conditions de la vie qu'elle-même a reçues d'une autre. Il n'y a point là de brusques apparitions successives éclatant dans le monde comme les éclairs d'un orage, mais une simple, naturelle et continue transmission de force, qui prend le nom d'éducation pour l'homme pris individuellement et de tradition pour un corps politique. Cette continuité s'impose d'autant plus que ce corps est appelé à représenter l'Etat tout entier. L'expression même d'Etat n'entraîne-t-elle pas en effet l'idée d'un ensemble de ressources acquises, de résultats obtenus, d'efforts accomplis, si étroitement reliés les uns aux autres, que la moindre solution de continuité, la moindre chance de rupture de ces anneaux, compromet le passé tout autant que l'avenir.

L'ancienne autorité royale, sous sa forme de propriété héréditaire, n'était en somme que l'image tangible, palpable, charnelle pour ainsi dire, de cette garantie de transmission. Au sortir des ruines de la civilisation romaine, alors que le monde était retombé dans la barbarie primitive, l'hérédité était peut-être la seule forme d'autorité en état, par sa simplicité même, d'être comprise et acceptée par des multitudes réduites comme en poussière, sans frein ni lien commun autre que la propagande chrétienne. Toujours est-il qu'en face de cette universelle et sanglante anarchie, l'Eglise de France a invoqué cette forme, l'a grandement secondée, accréditée, sous le nom de droit divin, tout en conservant pour elle-même sa propre organisation, infiniment plus élevée, qui n'admet précisément d'autre base à l'autorité que le maintien des traditions par la compétence des choix, la vocation, l'aptitude. Base identique, chose remarquable, à celle de l'organisation des cadres de l'armée, toutes deux provenant en effet des sentiments les plus élevés de l'âme humaine, la foi et le patriotisme.

Il en résulte que si cette supérieure entente de l'autorité pénètre dans les masses profondes de la nation par le service militaire universel, les institutions ne peuvent manquer d'en être singulièrement modifiées. Autant la liberté électorale se présente comme la condition première d'une fidèle représentation du pays, autant la rigoureuse discipline d'une sélection de haut en bas s'impose pour tous les services publics et leur vivante représentation par le *Conseil de l'Etat*. L'aptitude ou la présomption d'aptitude se trouve ainsi également sauvegardée : d'un côté, par les électeurs, étant évidemment les plus à même de choisir, sous certaines conditions, leur commun représentant ; de l'autre, par les talents spéciaux pouvant seuls former et par suite juger leurs successeurs.

Le pouvoir législatif se trouve par là présenter la plus haute expression, aussi bien de la multitude des intérêts divers et particuliers animant le pays, que des intérêts communs et collectifs de ce même pays. De l'union de ces deux sortes d'intérêts résulte le bien de tous et de chacun. De leur désaccord ou de l'abandon de l'un au profit exclusif de l'autre, leur ruine commune, car c'est le propre de toute société que de transformer la liberté naturelle mais précaire de chacun, en une liberté plus restreinte mais plus assurée. Cette transaction est une sorte de moyen terme entre l'intérêt public et l'intérêt privé, et pour que ce moyen terme puisse être équitablement déterminé, il faut, d'une part, que l'intérêt individuel puisse religieusement se faire entendre et que, de l'autre, l'intérêt public soit exposé en toute indépendance et connaissance de cause.

De là résulte une connexion intime dans le rôle des deux Chambres chargées de représenter simultanément ces deux grandes sortes d'intérêts en présence, et la nécessité pour toutes deux de s'éclairer, de se pénétrer mutuellement. Ce sont deux bras qui, se rejoignant, doivent étreindre la situation, et non une force poussant en avant pendant que l'autre retient.

La nécessité de cette jonction, de cette pénétration

mutuelle, entraîne tout un nouveau mode de rapports de ces deux Chambres entre elles, fort différent du parlementarisme actuel, où chacune d'elles, cantonnée dans son enceinte, ne peut que contrôler et reviser après coup les questions déjà examinées et jugées par l'autre, sorte de double emploi ne pouvant guère servir qu'à masquer ce qu'aurait d'excessif la prépotence d'une Assemblée unique.

Il n'en va pas de même avec la division des Chambres par compétence. Elles ne sont plus dès lors superposées, mais connexes, devant faire œuvre commune. Par suite, il est indispensable de se rendre compte des conditions et des moyens nécessaires à la réalisation de cette commune action.

V

C'est un fait d'expérience que le travail réel, efficace, de toute Assemblée délibérante ne peut se concevoir praticable qu'à l'aide de commissions spéciales et restreintes chargées préalablement de rechercher, coordonner et présenter les éléments nécessaires et indispensables à la discussion générale de toute question. Ce mode de préparation permet seul de bien déterminer et circonscrire le sujet en litige, comme tout point de départ bien défini peut seul conduire à la solution d'un problème.

Or, le sectionnement du *Conseil de l'Etat* par ministères présente déjà un ensemble de commissions permanentes et spéciales, n'ayant besoin que de l'adjonction d'un certain nombre de députés délégués pour constituer sur chaque question une délégation commune des deux Chambres, soit vis-à-vis l'une de l'autre, soit vis-à-vis du ministère en cause.

De ce mode de délégations parlementaires communes découlent immédiatement d'importantes conséquences sur l'examen et la marche des affaires publiques.

C'est, en premier lieu, que l'étude de chaque question se trouve tout d'abord confiée à un petit nombre de mandataires des deux Chambres, pouvant l'examiner et la discuter en commun avec le concours du ministère en cause, dans le simple et courant langage des affaires, loin des entraînements de la tribune et de la publicité. Par suite, toute question se trouve, dès le principe, envisagée à tous ses points de vue et réduite à ses arguments les plus clairs et les plus précis, ce qui facilite d'autant ses débats ultérieurs devant les deux Chambres ; chacune d'elles devant délibérer en outre avec l'aide et l'assistance des délégués de l'une chez l'autre par un mutuel accès dans leurs enceintes respectives.

Il en résulte également que chaque département ministériel est par là même pourvu, à l'aide de la délégation parlementaire qui le concerne spécialement, d'un conseil compétent et indépendant, facultatif, il est vrai, pour le ministre en ce qui concerne son initiative légale, mais d'une valeur et d'une autorité bien autrement supérieure à ses yeux que tout autre conseil qu'il peut former à l'aide de ses propres subordonnés, en même temps que le contrôle du Parlement sur la conduite des affaires publiques en est plus aisé et plus assuré.

Chaque ministre se trouve ainsi constamment éclairé par les avis et conseils d'une délégation permanente, nécessairement investie de la confiance des deux Chambres, pouvant élaborer par suite des projets durables et se livrer à un examen calme, méthodique et soutenu des grands intérêts publics qui lui sont confiés. En outre, par la double origine de cette délégation, ces grands intérêts se trouvent être sauvegardés tout à la fois et des chances d'inexpérience des députés et des tendances trop souvent exclusives des diverses spécialités.

La responsabilité ministérielle reste entière comme son autorité; mais, par l'intermédiaire publiquement reconnu et constitué d'une délégation permanente, elle se trouve en grande partie affranchie de cette trop générale et confuse obsession parlementaire dont les sourdes menées rencontreront un premier et fort sérieux obstacle devant la représentation commune et autorisée des deux Chambres réduites en une seule et même délégation parlementaire.

Ne peut-on espérer aussi que, par le sérieux et sévère travail de ces délégations, pourront se former de véritables hommes d'Etat, ayant moins à compter dans un pareil milieu sur des habiletés de paroles ou des effets oratoires que sur la justesse et la précision de leurs vues?

Cet accord des deux Chambres, même par délégation préalable, sera parfois peut-être difficile à obtenir, ardu et complexe, exigeant autant d'expérience que d'habileté dans la méthode de procédure, mais il resterait toujours, en cas d'urgence absolue et d'irrémédiable scission entre ces deux Chambres, la mesure extrême de les convoquer pour un vote commun, silencieux et secret, tranchant la question par oui ou par non, sans plus de débats (1). Fâcheuse extrémité, car c'est le labeur comme l'honneur d'un Gouvernement moderne que de pouvoir sans cesse et librement concilier les intérêts particuliers avec les intérêts publics, les premiers étant la raison d'être des seconds et ceux-ci la garantie des premiers : à ce point qu'il n'est guère possible de discerner lesquels des deux peuvent prétendre à la priorité réelle, en comprenant sous le nom *d'intérêts* tous les sujets de nature à émouvoir l'âme humaine depuis les plus humbles et vulgaires jusqu'aux plus nobles et élevés.

Ce mot *d'intérêt* ainsi défini semble mieux répondre à l'extrême variété des mobiles de l'homme que d'autres plus retentissants, commece lui de liberté, par exemple, qui peut s'entendre aussi bien dans le sens particulier d'arbitraire individuel, que dans celui plus élevé d'indépendance nationale, le premier ayant été l'écueil et le second l'honneur de la première Révolution.

Il en est de même du mot *public*, préféré dans cette étude à celui de peuple, la rhétorique révolutionnaire ayant par trop abusé de la confusion qui existe si malheureusement dans notre langue entre le mot

---

(1) En ce cas, la question du nombre s'impose seule, il est vrai ; mais si l'on admet, par exemple, la Chambre haute égale au tiers de la Chambre des députés, celle-ci ne pourra l'emporter qu'à l'aide d'une majorité formée par plus des deux tiers de ses membres. Majorité considérable qui, après épreuve, peut vraiment alors être considérée comme l'expression formelle de l'opinion publique dûment éclairée.

peuple pris dans le sens général de nation, ou dans celui plus restreint de classe ouvrière. C'est le propre des politiciens d'employer ces sortes de mots à facettes dont le scintillement multiple séduit si vite cette prestigieuse faculté de l'imagination qui, dit-on, gouverne le monde.

Cependant, si l'on cherche à se rendre compte par l'histoire de la lente et persévérante formation de notre pays, l'on voit que la continuité d'efforts séculaires accomplis pour arriver à un tel résultat, procède moins de formules abstraites et des élans de l'imagination que de l'emploi d'un certain esprit de conduite, qui se nommait autrefois la raison d'Etat.

C'est peut-être encore la seule méthode efficace et durable de tout Gouvernement, car elle ne tire pas sa force d'idées imaginatives ou d'opinions en vogue, mais bien plutôt d'un ensemble de nécessités inéluctables autour desquelles gravitent et s'agitent ces idées comme ces opinions.

N'est-ce point aussi cette même raison d'Etat qui a fixé, durant des siècles, la prodigieuse fortune de Rome après la chute de ses rois, en lui inspirant la justesse et la profondeur de ses antiques institutions, toutes résumées par ces mots : *Senatus populus que romanus :* l'accord du Sénat et du peuple romain.

Que représentait le Sénat ? Les intérêts publics, collectifs, les intérêts de l'Etat dans sa puissante unité.

Que représentait le peuple ? Les multiples et divers intérêts de la population libre, les droits du citoyen romain dans leur plénitude individuelle.

De ce que ces institutions, par leur supériorité même,

ont dû fléchir à la longue sous le poids monstrueux d'une conquête universelle et fatalement disparaître dans le cosmopolitisme impérial, il n'en est pas moins vrai qu'elles ont été le point de départ de la grandeur romaine par leur esprit méthodique et sévère, restituant à chacun son rôle et sa juste part d'action dans le grand organisme gouvernemental.

Par sa haute situation sociale, l'élevant au centre de la vie politique et au-dessus des communes préoccupations de l'existence, le Sénat, comme tout corps aristocratique, pouvait se livrer avec une évidente supériorité à l'examen des grands intérêts publics, alors surtout que ces intérêts relativement simples, constants, coutumiers, pour ainsi dire, n'exigeaient pour leur compréhension qu'une somme générale de connaissances facilement accessibles par une éducation privilégiée. Il ne peut en être ainsi de nos jours en présence de l'immense et complexe développement de l'activité humaine en tout sens. De même que les sciences, par leurs continuelles extensions, se subdivisent de plus en plus en branches distinctes et spéciales, de même la complexité, comme la diversité sans cesse grandissante des affaires publiques entraîne également leur répartition en spécialités distinctes, chacune d'elles exigeant en outre, la plupart du temps, un long et pénible apprentissage, ce qui n'a rien de commun avec des priviléges aristocratiques. La haute et publique garantie du genre comme de la valeur des services rendus peut seule, à notre époque, entrer en ligne de compte et enrayer en même temps l'inévitable démoralisation du pays à l'aspect des étranges et vulgaires procédés de réclames qui permettent trop souvent, de nos jours, de surprendre et d'occuper les plus hautes positions de l'Etat.

VI

Si nous en revenons à nos institutions parlementaires, il ne reste plus qu'à rechercher qui doit présider au choix si capital des ministres, puisque leur réunion forme le faisceau commun servant à relier tout à la fois les divers services publics entre eux et ceux-ci avec le pouvoir législatif. De là l'évidente nécessité de l'unité de vues qui doit régner parmi ces ministres, car bien certainement la première condition d'un Gouvernement, c'est de tendre à l'unité d'action par la diversité des moyens. Cette diversité est déjà représentée par chacun des ministres en particulier; superposer, par suite, toute autre réunion comme un directoire, par exemple, pour choisir et composer un ministère, serait singulièrement compromettre cette unité de vues et d'action qui est la force vive d'un Gouvernement.

L'on est donc conduit à confier ce choix des ministres à un seul et unique arbitre représentant l'unité vivante de l'Etat. Ici, l'on se trouve en présence du grand cheval de bataille des politiciens dont toutes les conceptions gouvernementales se bornent à peu près à ces deux mots : Monarchie ou République. Dilemme abstrait et banal se prêtant à d'intarissables polémiques depuis Aristote jusqu'à nos jours, et probablement bien au delà.

Aussi nous bornerons-nous à envisager cette presti-

gieuse question au seul point de vue du régime parlementaire dans notre pays.

Avec la responsabilité des ministres devant les
Chambres, l'on est nécessairement arrivé à la vague et
célèbre formule : « Le Roi règne et ne gouverne pas »
qui, par le contraste de notre passé monarchique,
devient tôt ou tard la ruine du prestige comme de
l'autorité royale. Les séculaires et traditionnelles préro-
gatives de nos rois, ainsi amoindries, deviennent une
source de déceptions, de froissements et d'erreurs et
pour le souverain dont le pouvoir devient plus apparent
que réel et pour la nation qui lui prête plus de responsabilité que d'autorité effective. L'effroyable insuffisance
de nos forces militaires en 1870 n'était certainement
pas imputable à Napoléon III, mais à la Chambre, qui
s'est empressée de le faire remplacer dans le comman-
dement de l'armée par Bazaine ! Notre tour d'esprit
national ne paraît guère d'ailleurs pouvoir se prêter aux
fictions constitutionnelles et, si l'histoire nous montre la
royauté en France se transformant de siècle en siècle,
c'est toujours dans le sens d'un agrandissement de son
rôle et non d'un amoindrissement volontaire hors nature.
Il est en outre fort difficile d'admettre que toute source
d'autorité découlant chez nous du principe général de
l'élection ou du choix, sa plus haute représentation
provienne précisément seule d'un principe tout opposé,
qui en est la négation : l'hérédité. Point de noblesse,
point de Monarchie, disait-on jadis. Cette unité suprême
se trouverait en quelque sorte suspendue en l'air sans
rien qui la rattache au sol commun, pour n'exercer en
définitive qu'un arbitrage limité à l'égard des ministres

par le degré de confiance qu'ils inspirent personnellement au Parlement. Aussi, dans un pareil ordre de choses, est-il évidemment préférable de confier ce choix des ministres à un haut arbitre investi lui-même de la confiance publique des deux Chambres par la réunion de leurs suffrages, ainsi que cela est établi pour l'élection du Président de la République.

Ainsi s'achève, non le fastueux couronnement de l'édifice, mais la simple et nécessaire clef de voûte servant à relier entre elles toutes les parties de ce dôme immense, de cet abri commun, si prodigieusement complexe, que représente un grand Etat moderne.

Cette complexité sans cesse grandissante des affaires publiques est l'inévitable résultat du développement de notre civilisation, de l'énorme accroissement de vies humaines qu'elle produit, en même temps que du resserrement, du refoulement de plus en plus contraint et forcé qu'elle amène de toutes ces vies entre elles sur un territoire limité. Rien de poignant pour une nation profondément attachée au sol natal comme la nôtre que de voir ce sol s'émietter, se dérober pour ainsi dire, sous les pieds. L'intensité de la lutte pour l'existence s'en accroit d'autant et le principe de la sélection de l'autorité par l'aptitude ou la compétence semble devoir mieux s'élever à la hauteur de telles difficultés à résoudre, que le simple arbitraire soit d'une individualité monarchique, soit d'une multitude démocratique, procédant l'une comme l'autre d'un même absolutisme conventionnel sous des formes contraires.

Actuellement, la seconde de ces formes parait prévaloir. Cependant, si l'on cherche à pénétrer au fond de l'esprit public de nos jours, l'on ne peut y saisir en faveur de l'autocratie radicale du suffrage universel cette force de conviction élevée et profonde, seule capable pourtant d'inspirer à une grande nation l'ascendant moral qu'elle tire de la supériorité de ses institutions.

Loin de là, une sorte de scepticisme résigné semble protester au fond de l'âme française contre une pareille forme d'autocratie remuante et confuse, ayant fait éclore toute une nouvelle sorte d'industriels : les politiciens, ces talons rouges du nouveau despote, intermédiaires d'autant plus dangereux que, ne représentant rien par eux-mêmes, sauf leurs convoitises, ils substituent leur action à celle de l'immense majorité de la nation, laborieuse et affairée, n'apportant qu'une attention distraite ou même de la répulsion pour un tel état de choses (1).

Sentiment vague et confus du pays, que le parti conservateur a vainement tenté de ramener en arrière au lieu de frayer une voie nouvelle à ses profonds instincts d'ordre, de justesse et de mesure en toute chose, vrai génie de notre race, comme le prouvent les œuvres qu'il peut encore librement enfanter hors des vaniteuses suggestions du radicalisme et de ses prétentions à fonder un Gouvernement sur d'universelles convoitises. Car telle est, en effet, l'inévitable consé-

---

(1) Si un tel régime de politiciens peut s'accepter à la rigueur sur les confins des prairies désertes du Far West, peut-il en être de même sur notre vieux sol gaulois, tout pétri du sang versé pour sa défense contre les haineuses convoitises de voisins moins bien partagés et toujours en éveil ?

quence de cette vieille idée de l'autorité - propriété, simplement transformée, par la Révolution, de domaine royal en domaine banal, sans s'élever davantage à l'idée supérieure d'autorité - fonction, d'autorité, instrument nécessaire du bien public, qui est tout à fois le but et la raison d'être de cette autorité.

Si le but est incontestablement le bien public, le talent d'y parvenir, le savoir y atteindre, le maniement de l'instrument, en un mot, ne peut de toute évidence être l'égal et uniforme lot ou apanage de chacun. L'idée relative de capacité s'impose.

En érigeant ainsi chaque électeur en une dix millionième fraction à peu près d'un monarque absolu, ce que la Révolution a surtout produit, c'est l'universalité des prétentions, l'apothéose de l'individualisme, l'infatuation personnelle jusqu'à l'ivresse et la folie, même en un génie tel que Napoléon Ier. C'est la viduité de la table rase avec le règne titubant de ce pauvre moi éphémère et borné qui, avec son trop naturel mélange de suffisance et d'insuffisance, se considère fort légalement comme le souverain arbitre et suprême dispensateur du pouvoir, du droit absolu de pétrir à son gré l'œuvre gigantesque et séculaire qui se nomme la France. En sorte que la plus grande somme de ces communes incompétences ou plus crûment de ces badauds, doit par sa seule vertu produire ou tout au moins discerner ce qu'elle ignore elle-même : ces talents supérieurs seuls capables cependant de pourvoir au salut de tous, comme le démontre toute l'histoire.

Si un homme, par la brièveté de sa vie, peut parfois échapper aux éternelles lois de la logique, il ne saurait

en être ainsi pour un pays, et l'absolutisme du suffrage
universel qui nous gouverne constitue un dangereux
défi au sens commun en raison même de ce qu'il
représente le plus grand nombre et non les plus capables. Aussi semble-t-il impossible que l'esprit français
puisse longtemps encore accepter une pareille conception de l'autorité en présence de l'universel et viril
enseignement de l'école du soldat, n'admettant l'autorité
que sous la forme nette et précise d'un service public
à rendre et non d'un privilége à exploiter. Le pouvoir
ne découle plus dès lors d'un droit uniforme et banal,
mais uniquement d'un ensemble de conditions à satisfaire, de garanties à présenter, en un mot, de l'aptitude,
de la compétence nécessaires.

Si l'intervention de la science, du savoir, de l'expérience s'impose de plus en plus de nos jours dans
toutes les voies que s'ouvre l'activité humaine, comment
ne pénétrerait-elle pas à plus forte raison dans les institutions nécessaires à son propre Gouvernement ? Telle
est la véritable question qui semble devoir s'imposer
de nos jours aux institutions politiques et les élever
ainsi bien au-dessus des vieilles formules et classiques
dénominations de Monarchie ou de Démocratie, bonnes
aux rhéteurs.

Comme nous l'avons exposé au commencement de
cette étude, une erreur profonde dans la conception du
principe de l'autorité moderne peut seule expliquer
l'état d'anarchie révolutionnaire de notre pays depuis
plus d'un siècle, et cette erreur réside tout entière en
ceci : que la Révolution, bien loin d'établir ce principe
sur l'aptitude nécessaire ou la compétence, n'a su ou

n'a pu opposer à l'absolutisme monarchique du siècle
précédent qu'une nouvelle forme d'absolutisme, celle
de la souveraineté du peuple ou du public représenté
par ses députés : forme tout aussi décevante.

Le Gouvernement moderne, en effet, en proclamant
la liberté de conscience, n'a plus d'autre raison d'être
que l'intérêt commun se résumant avant tout en ce
double rôle de juge de paix à l'intérieur et de protecteur
à l'extérieur. Or, l'omnipotence d'une Chambre de
députés ne répond ni à l'un à l'autre de ces deux rôles.
Vis-à-vis du premier, elle se trouve par sa composition
même ériger les intérêts et les partis contraires en leur
propre juge. Vis-à-vis du second, elle ne peut manifes-
tement prétendre à une connaissance suffisante de l'état
extérieur du monde entier sur tous les points du
globe (1). Il lui faut donc accepter l'intervention d'une
autre Chambre issue comme elle du pays, mais représentant l'expérience et l'autorité des services rendus à
ce même pays tant à l'intérieur qu'à l'extérieur, en
dehors et au-dessus des influences dissolvantes des
intérêts comme des partis en lutte.

Malgré ce que cette intervention peut soulever de
vaniteuse opposition, notre pays est encore le plus à
même de réaliser cette nouvelle conception de l'autorité
moderne basée, comme la nouvelle organisation militaire, sur un universel appel au concours de tous
suivant le genre et l'aptitude de chacun.

---

(1) C'est ainsi qu'une simple commission d'ingénieurs de l'Etat eût
infiniment mieux éclairé le public contre les gigantesques réclames
du Panama que toutes les dissertations de la Chambre à ce sujet.

Ceci n'exigeant nulle révolution nouvelle, mais une simple réforme dans la composition de la Chambre haute et sa communauté d'action avec la Chambre des députés, de manière à réunir en un même faisceau toutes les forces vives du pays et à rétablir chez tous cette confiance commune, ce mutuel appui, ce tact des coudes, éternel gage de la valeur d'une armée comme d'un Gouvernement.